AF263862

NOTICE BIOGRAPHIQUE

SUR

L'AMIRAL LE MARANT

PAR M. SÉNARD

EXTRAIT DE LA *REVUE MARITIME ET COLONIALE*
(DÉCEMBRE 1862)

PARIS

LIBRAIRIE CHALLAMEL AINÉ

30, RUE DES BOULANGERS-SAINT-VICTOR

1862

NOTICE BIOGRAPHIQUE

SUR L'AMIRAL LE MARANT.

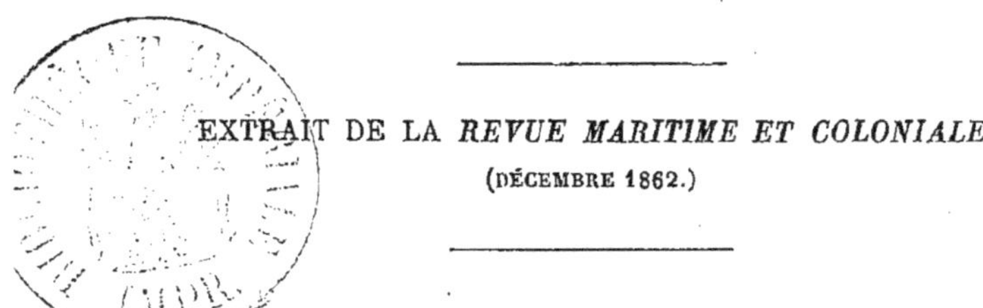

EXTRAIT DE LA *REVUE MARITIME ET COLONIALE*

(DÉCEMBRE 1862.)

Le 4 octobre 1862 s'éteignait M. Le Marant de Kerdaniel, René-Constant, vice-amiral du cadre de réserve.

L'un des derniers représentants, parmi les officiers généraux de la marine, de la génération qui avait servi sous l'ancien régime, Le Marant a pris part aux principaux événements de guerre sous la République, l'Empire et la Restauration.

Une vie aussi pleine ne laisse pas que de fournir quelques enseignements et la marine recueille avec soin les vestiges d'un passé où la gloire se mêle à des revers dont elle étudie les causes.

Originaire d'une ancienne famille de Bretagne, Le Marant naquit à Lorient, le 10 août 1777. Son père appartenait à l'administration de la marine; il eut sept enfants dont quatre garçons devinrent officiers de vaisseau; un seul survit, M. Le Marant de Kerdaniel, capitaine de vaisseau en retraite.

Le Marant dont l'existence s'est prolongée jusqu'à quatre-vingt-cinq ans, débuta dans la marine par deux naufrages qui auraient dû le dégoûter à jamais de la vie maritime, en raison des périls qu'il y courut; mais dès son jeune âge, il révélait une force de volonté, une fermeté d'âme qui l'ont conduit du degré le plus faible de l'initiation aux premiers grades de la carrière militaire.

A treize ans, il embarquait comme mousse, le 1er novembre 1790, sur la gabare *le Rhône*, seul moyen alors de pénétrer dans un service où les positions élevées se réservaient à la noblesse appuyée de la fortune. Pour la première fois, il se dérobait aux soins paternels et fut aussitôt soumis à la plus dure épreuve. *Le Rhône* partait de Lorient pour Brest le 20 décembre et, deux jours plus tard, par suite d'une erreur dans la transmission des indications du pilote, il abordait avec une assez grande vitesse la roche du *Corbeau*, près du Toulinguet; le choc fut terrible et le navire coula sur place, un seul canot put se rendre à Camaret où l'on devait porter la nouvelle du sinistre. Il était deux heures du matin et la position des naufragés devenait terrible. On amena sur les porte-lof la grande vergue dont une extrémité reposa heureusement sur l'écueil et ce fut par ce moyen que le jeune Le Marant, s'étant réfugié dans les bas haubans et voyant la mer envahir le bâtiment jusqu'au tiers de la hauteur du bas mât, se dirigea vers le va-et-vient établi et réussit à atteindre la roche où bientôt se groupèrent une soixantaine d'hommes sur un espace où vingt hommes auraient à peine pu trouver place. Après cinquante-sept heures d'angoisse, les secours, retardés par la violence du vent et de la mer, arrivèrent enfin; des barques de pêcheurs purent aborder ce rocher sur lequel trois des naufragés avaient déjà perdu l'existence.

Le 15 janvier suivant, notre jeune marin passait sur la frégate *la Réunion*; il y resta six mois à peine et embarqua sur la gabare *le Barbot* chargée d'aller à Lorient prendre un bataillon du régiment des *Welches* et de le transporter à Saint-Domingue. Cette mission accomplie, *le Barbot* avait l'ordre de se rendre à la Nouvelle-Angleterre, lorsque, dans les débouquements, il fit côte sur le banc du *Mouchoir carré*. Contraint d'abandonner le navire, l'équipage se dirigeait vers les *Iles turques*, dans les canots de la gabare; il fut rencontré par un sloop américain qui le ramena au *Cap français*. Par un heureux hasard, se trouvait sur rade la frégate *le Marsouin*, avec armement réduit de 36 à 24 pièces de canon et commandée par M. Le Marant de Boissauveur[1], lieutenant de vaisseau,

---

1. Le Marant de Boissauveur, officier chargé du détail sur *l'Annibal* pendant toute la campagne du bailli de Suffren dans l'Inde; enseigne de vaisseau en 1775, lieutenant de vaisseau en 1779, capitaine de vaisseau le 1er juillet 1792, chef de division le 21 mars 1796, retraité contre-amiral le 1er juillet 1814.

et oncle du jeune naufragé. Il ne fut pas difficile pour celui-ci d'embarquer avec son parent, qui le rendit au port de Lorient le 25 juin 1792.

Après deux années de vicissitudes aussi cruelles, un temps de repos était nécessaire. Le Marant se livra avec ardeur à l'étude des mathématiques et des sciences, subit des examens très-satisfaisants et fut nommé aspirant de deuxième classe le 1er mai 1794.

Ce fut dans ce grade qu'il prit part au combat du 13 prairial à bord du vaisseau *la Montagne*[1], commandé par le capitaine Bazire et monté par l'amiral Villaret-Joyeuse. Notre jeune aspirant reçut ainsi le baptême du feu dans une grande action de guerre, et déjà son jugement se formait sur les incidents et les hasards dont un commandant habile doit tirer parti. Sa belle conduite fut remarquée et lui valut aussitôt le grade d'aspirant de première classe.

Le 18 octobre 1794, Le Marant passe sur la frégate *la Fraternité*, faisant partie de la division de six vaisseaux et deux frégates avec laquelle le contre-amiral Nielly alla établir une croisière à l'ouest de la *Grande-Sole* et s'empara du vaisseau anglais *Alexander*.

Cette division ramena sa prise dans le port de Brest d'où elle dut entreprendre une nouvelle croisière. L'appareillage, au mois de janvier 1795, fut marqué par un événement qui a laissé les plus profonds souvenirs dans la population maritime de cette ville. Depuis plusieurs jours, l'escadre était à long pic n'attendant que le signal de larguer les voiles ; tout d'un coup la brise fraîchit, plusieurs vaisseaux dérivèrent et *le Républicain*, vers dix heures du soir, se trouvant près du *goulet*, hissa son grand foc, établit ses voiles de l'avant et chercha à faire route. Malheureusement, il fut porté vers la roche *Mingant* sur laquelle il toucha bientôt. Toute la partie avant coula avec rapidité ; il ne restait plus que la dunette et une petite portion du gaillard d'arrière hors de l'eau, quand l'aspirant Le Marant arriva, un des premiers, avec le grand canot de la frégate pour procéder au sauvetage des hommes qui survivaient à ce désastre.

La croisière qui suivit cet événement fut marquée par la destruction d'un grand nombre de navires marchands, plusieurs autres furent amarinés et Le Marant reçut le commande-

---

1. Devenu plus tard *l'Océan*.

ment d'une prise suédoise qu'il conduisit dans le port d'Audierne.

En juin 1796, il fut nommé au commandement du lougre *le Surveillant*, corsaire anglais récemment pris entre les îles *Glénans* et qui fut, dès lors, employé à l'escorte des convois du commerce entre Nantes et Lorient.

Le 7 juillet 1797, Le Marant reçut le brevet d'enseigne de vaisseau, que lui avaient mérité des services aussi actifs. Il passa successivement à bord de plusieurs navires, et embarqua enfin sur la frégate *la Sirène*, chargée d'aller conduire, de Rochefort à Cayenne, M. Hughes, nommé gouverneur de cette colonie. Entre Porto-Santo et Madère, on découvrit, au petit jour, le 17 décembre 1799, un vaisseau anglais, *Calcuta*, de la compagnie des Indes; il ne fallut que quelques instants pour s'en rendre maître et l'enseigne Le Marant était occupé à prendre les dispositions nécessaires pour la composition de l'équipage qui devait ramener cette prise, lorsque se démasquèrent plusieurs grands bâtiments cachés par les îles. Deux frégates se dirigèrent sur le lieu de l'événement; *la Sirène* et sa conserve, *la Bergère*, prirent chasse au S. S. O. abandonnant le navire anglais qui, sous le commandement de l'enseigne de vaisseau, fit route à E. S. E., mais ne tarda pas à être repris par la frégate *Glenmore*. Le Marant fut ramené à Chatam, passa quatre mois sur les pontons et obtint de rentrer en France comme prisonnier de guerre sur parole. Il rejoignit le port de Lorient où il ne fut dégagé de son serment qu'à la paix d'Amiens.

Embarqué le 1er juin 1802 sur la corvette *le Berceau*, il fut dirigé sur la Martinique où se transportait le nouveau préfet, M. Bertin, reprenant possession de cette île bien aimée de la France.

Là, *le Berceau* reçut l'ordre de convoyer à la *Côte-Ferme* deux bâtiments marchands évacuant les pontons sur lesquels les Anglais avaient détenu environ 400 noirs pris sur différents corsaires. Pendant cette mission, la corvette fut cruellement éprouvée par la fièvre jaune : sur 126 hommes d'équipage, elle perdit près de 100 hommes, au nombre desquels on compta 3 officiers, les 2 chirurgiens et 1 aspirant. Elle rejoignit cependant la Martinique, où le lieutenant de vaisseau Halgan, devenu amiral plus tard, prit le commandement du *Berceau*, en laissant celui du brig *l'Épervier* à son second, Jérôme Bonaparte, qui devait atteindre à de hautes destinées.

Après avoir touché au port de Lorient, *le Berceau* fut réexpédié en toute hâte, en avril 1803, pour l'*Ile-de-France*, afin d'informer le contre-amiral Linois de la nouvelle déclaration de guerre. Sept jours après son arrivée, cette corvette se joignit à la division commandée par cet amiral et composée déjà du *Marengo*, de *la Belle-Poule*, de *l'Atalante* et de *la Sémillante*, et prit part à la croisière qui s'effectua dans les mers de l'Inde.

L'amiral Linois avait mouillé sa division en face de l'établissement de Bancoulen, sur la côte de Sumatra ; les dispositions topographiques ne lui permettant pas une attaque de vive force, il détacha *la Sémillante* et *le Berceau* pour aller visiter l'établissement voisin de *Sillabar*. Un vaisseau de la Compagnie des Indes ne fit guère de résistance, et Le Marant reçut l'ordre de prendre le commandement des marins avec lesquels il s'empara de l'établissement, détruisit une grande quantité de bâtiments marchands et de *pros*, incendia les principales constructions à terre, et rejoignit sa corvette vers six heures du soir. *La Sémillante* et *le Berceau* appareillèrent immédiatement pour rejoindre la division.

Les autres incidents de cette croisière sont connus ; il n'est pas dans notre intention de les rappeler. Au mois d'août 1804, *le Berceau* reçut une mission pour la France, et sa traversée s'accomplit heureusement jusqu'au moment de l'atterrage sur la côte d'Espagne. Le matin du jour où la corvette se proposait d'entrer à Vigo, elle se trouva en présence de la frégate anglaise *Endymion*, puis d'une corvette de même nation, qui pensèrent avoir rencontré une proie facile. Une brume très-intense couvrit la manœuvre du *Berceau*, qui réussit à mouiller à Pontevedra.

Le contre-amiral de Gourdon commandait au Ferrol une division de 6 vaisseaux ; et le 7 novembre 1804 Le Marant, apprenant sa nomination au grade de lieutenant de vaisseau depuis le 26 octobre 1803, embarqua sur *le Héros*, vaisseau-amiral.

En août 1805, l'escadre, aux ordres de l'amiral de Villeneuve, entra à la Corogne ; le contre-amiral Dumanoir succéda à l'amiral de Gourdon et rallia la flotte, qui bientôt se dirigea vers Cadix, où elle ne compta pas moins de 33 vaisseaux alliés. De nouvelles dispositions de l'amiral de Villeneuve firent passer le vaisseau *le Héros* dans la division du contre-amiral Magon, sous les ordres duquel ce bâtiment prit part au combat de Trafalgar.

Le Héros, dans l'ordre de bataille adopté, avait son poste de combat dans l'avant-centre et se trouva fort engagé. Après avoir perdu son commandant et beaucoup d'hommes de son équipage, il essaya d'échapper à la confusion qui s'était produite et de prolonger sous le vent la ligne de bataille, lorsque, apercevant le signal de ralliement arboré par l'amiral Gravina, il obéit à cet ordre et suivit le vaisseau *le Prince-des-Asturies* au mouillage extérieur de la baie de Cadix. Le lendemain 22 octobre 1805, 3 vaisseaux français, *le Pluton, le Héros* et *l'Indomptable,* suivis de quelques frégates, se portèrent sur le lieu du combat. Leur apparition hâta les déterminations des Anglais, qui coulèrent les vaisseaux qu'ils ne pouvaient conduire en Angleterre. *Le Héros* contribua à recueillir quelques débris de ce désastre et, le soir, reprit le mouillage extérieur de Cadix. Dans la nuit, une violente tempête causa le naufrage de plusieurs bâtiments. *Le Héros,* après avoir couru les plus grands dangers, put entrer le 23 dans la rade de Cadix.

De pareilles épreuves mûrissent les hommes assez énergiques pour ne pas se laisser abattre ; les qualités de Le Marant se développèrent et fixèrent l'attention de l'amiral Rosily, qui était venu prendre le commandement des tristes restes de la flotte. Le Marant fut nommé *premier adjudant* de l'armée ; dans ce poste il inspira une telle estime à son chef, que celui-ci lui donnait cette note, conservée au ministère de la marine : « Bon officier ; marin instruit, éclairé ; plein de « zèle et d'activité, annonçant devoir être un jour *un grand* « *officier.* » Aussi l'amiral devait-il le choisir pour une mission aussi délicate que difficile.

Des ordres reçus dans les premiers jours d'avril 1808 ne purent être compris par l'amiral, faute du chiffre nécessaire. Il ordonna à Le Marant de se rendre à Madrid près de l'ambassadeur, et de continuer son voyage jusqu'à ce qu'il pût obtenir les explications désirées. A Madrid, l'ambassadeur ne put déchiffrer la lettre ; il fallait donc se rendre en France. A Burgos, le prince Murat, commandant un corps d'armée, pas plus que le maréchal Berthier à Bayonne, où se trouvait le quartier général de l'Empereur, ne purent satisfaire à sa demande. De Cadix à Bayonne, Le Marant avait parcouru la distance à franc étrier en sept jours, y compris quinze heures de séjour à Madrid. Il prit une chaise de poste à Bayonne pour arriver à Paris, d'où, après vingt jours de repos, il reçut ordre de rejoindre l'amiral à Cadix. Mais les événements politiques avaient marché, et si, pendant son premier voyage, il n'avait guère rencontré que du bon vouloir sur sa route, il n'en fut plus de même au retour. Au delà de Madrid, il courut les plus grands dangers, et ne put achever son voyage que sous la protection d'un jeune officier des *gardes wallones* qui se rendait en Andalousie. A Baylen, on procédait à l'arrestation de Le Marant, et les autorités cédèrent aux seules injonctions de l'officier qui servait dans la garde particulière du roi d'Espagne. A Sainte-Marie, sur les bords mêmes de la baie de Cadix, il fut contraint de prendre logement dans une auberge où, pendant la nuit, se tint un conciliabule d'énergumènes jurant l'assassinat des Français. Le Marant s'évada par une fenêtre basse, et, au point du jour, se jeta dans une *lorcha* qui le ramena à bord du *Héros*.

Ce fut pour peu de temps ; une révolution avait éclaté à Cadix ; 15 vaisseaux anglais croisaient devant la rade ; la division française dut changer de mouillage pour éviter une surprise et se rapprocher du chenal de la Carraque. Bientôt bombardée par les Espagnols établis à terre, et menacée par les 15 vaisseaux qui entrèrent dans la rade, mèche allumée, elle se rendit aux Espagnols de préférence à nos ennemis les plus cruels. Par la capitulation du 14 juin 1808, les équipages français restèrent prisonniers à bord de leurs vaisseaux jusqu'à leur échange. L'amiral Rosily et ses deux adjudants Le Marant et Raoul, munis d'un sauf-conduit, s'embarquèrent sur un petit brick algérien qui les conduisit à Toulon.

Le 12 juillet 1808, Le Marant recevait sa nomination au grade de capitaine de frégate, et, dès son arrivée à Paris, était nommé aide de camp du duc Decrès, ministre de la marine.

Moins d'un an plus tard, il prenait le commandement de la frégate *l'Astrée* et avait pour instruction de se rendre à *l'Ile-de-France*. Le 13 janvier 1810, trompant la croisière anglaise établie devant Cherbourg, il manœuvra avec assez d'habileté pour rendre inutile toute poursuite. Près de la *Grande-Sole*, il rencontra un corsaire français embarrassé de prisonniers ; il en reçut plusieurs à son bord. Dans les parages de Madère, il arrêta deux navires, l'un anglais, dont il s'empara et qu'il détruisit ; l'autre américain, à bord duquel il plaça tous les prisonniers, après leur avoir fait signer un traité d'échange dans lequel Le Marant n'oublia pas d'anciens amis que les chances de la guerre avaient conduits sur les pontons détestés de la Grande-Bretagne.

Il n'était pas facile d'atterrir à l'Ile-de-France, que l'on savait environnée de croisières ennemies. Le commandant Le Marant fit preuve de connaissances nautiques et d'une hardiesse de jugement peu commune. Renonçant aux pratiques qui voulaient que l'on se mît en latitude de la terre, il se plaça dans le sud de manière à faire le nord franc pour l'aborder. Cette tactique lui réussit; et quoique chassé par des forces supérieures, il pénétra dans la rivière Noire et y prit une position excellente dans laquelle il put défier pendant trois mois les attaques des Anglais. Après ce temps, des circonstances favorables permirent à *l'Astrée* de rallier les forces maritimes commandées par l'amiral Hamelin.

En ce moment, les Anglais préparaient une expédition considérable contre l'Ile-de-France; on organisa, pour concourir à la défense, un bataillon de 600 marins dont le commandement fut confié à Le Marant; mais, à la nouvelle du combat du Grand-Port, les équipages se rembarquèrent et la division sortit pour rejoindre la division Duperré à qui était dû ce beau fait d'armes. *L'Astrée* avait une grande supériorité de marche sur *la Vénus* et *la Manche* qui naviguaient de conserve avec elle, aussi se présenta-t-elle la première à l'ouverture du Grand-Port et captura, le 24 août 1810, un bâtiment anglais chargé d'approvisionnements pour la division anglaise. Ce ne fut que le 27 au matin que la division entière du commandant Hamelin se réunit dans la baie du Grand-Port à celle du commandant Duperré, elle somma de se rendre le fort de la Passe et la frégate anglaise *l'Iphigénie* qui s'était retirée sous ses canons; le pavillon tricolore fut bientôt arboré sur le fort et sur la frégate.

Le même jour, les vigies signalèrent la présence d'un croiseur; le commandant Le Marant reçut l'ordre d'aller à sa recherche et le lendemain il capturait une belle goëlette appartenant à la division chargée du blocus.

Pendant que ce dernier fait s'accomplissait, on vit paraître devant le Grand-Port la frégate *Bodicea*, la seule de la division anglaise qui n'assistât point au combat défavorable à la marine de cette nation. Elle fut chassée, par *la Vénus* et *la Manche*, jusqu'à l'île Bourbon, que nous avions dès lors perdue, et se réfugia sous la protection des forts de Saint-Denis.

Le capitaine général Decaen donna le commandement de la frégate anglaise *l'Iphigénie* au capitaine Bouvet et lui composa une petite division en lui adjoignant la frégate *l'Astrée*, le brick *l'Entreprenant* et la corvette *le Victor*. Il lui ordonna d'aller croiser devant Bourbon. *L'Entreprenant* dut rester au vent de l'île et les deux frégates vinrent louvoyer devant Saint-Denis. Le quatrième jour, *l'Astrée* distingua sous cette ville une grande frégate anglaise que l'on sut être *l'Africaine* arrivant d'Europe. *L'Iphigénie* venait à peine de la reconnaître lorsque sortirent de la baie de Saint-Paul la frégate *Bodicea*, la corvette *Otter*, le brick *Stomh* et le vaisseau de la compagnie *Windham*; *l'Africaine* mit le cap au large avec l'intention évidente de rallier ces forces assez considérables.

Les frégates françaises prirent également la bordée de large et le capitaine Bouvet ordonna au capitaine Le Marant de le suivre de près. A minuit, *la Bodicea* se trouvait à 3 ou 4 milles dans les eaux de *l'Iphigénie* et de *l'Astrée*; *l'Africaine* se maintenait vers la hanche du vent et hors de la portée du canon.

A deux heures de la nuit, *l'Astrée*, d'après l'ordre du capitaine Bouvet, allait prendre le poste de l'avant à *l'Iphigénie* en lui passant sous le vent, lorsqu'elle s'aperçut que *l'Africaine* allait commencer l'attaque. Faisant une abattée pour se laisser gagner par *l'Iphigénie*, elle revint tout d'un coup au vent et se trouva, bord à bord, à portée de fusil avec la frégate anglaise; le feu s'engagea immédiatement et dura une demi-heure. *L'Iphigénie* continuant sa route, *l'Astrée* dut forcer de toile; quant à *l'Africaine*, profitant d'une excellente marche, elle vint se placer par la hanche du vent de *l'Iphigénie* et commença la canonnade contre cette frégate. Pendant ce temps, *l'Astrée*, obéissant à l'ordre reçu, doublait sous le vent *l'Iphigénie*, lorsque celle-ci, laissant porter, permit à *l'Astrée* de s'établir sous le beaupré de *l'Africaine* qui, en moins d'une heure, eut tous ses bas mâts coupés et fut réduite à se rendre. Le capitaine *Cobbett* de cette frégate avait été tué dès le premier engagement avec *l'Astrée*.

Au point du jour, on aperçut la frégate *Bodicea*, au vent et à deux portées de canon à peu près. A l'aspect de *l'Africaine* démâtée, elle vira de bord et rallia ses trois conserves avec lesquelles elle revint vers le lieu du combat; *l'Astrée* s'occupait à amariner la prise, à réparer ses propres avaries, à faire passer sur son bord les officiers anglais, mais *l'Iphigénie* continuant à s'éloigner, il fallut prendre le parti d'abandonner *l'Africaine* devenu un véritable ponton.

Après ce combat, les deux frégates se présentèrent de nouveau devant Saint-Denis, louvoyèrent pendant deux jours en vue de la ville, afin de bien constater qu'elles étaient restées maîtresses du champ de bataille, et rentrèrent à l'Ile-de-France le 20 septembre 1810.

Ici se présente un événement douloureux pour notre patrie et pour la population restée française de cette île. Malgré l'embossage des frégates *la Bellone, la Minerve, l'Iphigénie, l'Astrée*, destinées à empêcher que l'entrée du port ne fût forcée, les 22 000 Anglais ou Cipayes, débarqués dans le nord de l'île, rendirent impossible une défense organisée seulement au moyen de 800 hommes de troupes de ligne, des équipages des frégates et d'une compagnie de volontaires créoles.

D'après la capitulation du 29 novembre 1810, les états-majors de terre et de mer furent renvoyés libres en France et par les soins des Anglais eux-mêmes.

Peu avant, M. Le Marant s'était marié dans la colonie et en partit sur le cartel [1] anglais *Wellesley* pour débarquer à Morlaix, le 24 novembre 1811. Il apprit alors sa nomination au grade de capitaine de vaisseau par décret du 20 décembre 1810.

Le 1er février 1813, il prit le commandement du vaisseau *le Marengo*, en rade de Brest, sous les ordres de ·M. l'amiral L'Allemant. La marine n'avait plus de rôle à prendre dans les événements qui conduisirent à la chute de l'Empire.

Sous la première Restauration, le 27 juillet 1814, le capitaine Le Marant prit le commandement d'une division composée du *Marengo*, des frégates *l'Érigone, la Méduse, la Duchesse-d'Angoulême, l'Illyrienne*, de la corvette *le Vésuve*, du brick *l'Actéon*, de la goëlette *le Messager* et de *la Mouche* n° 14. En rade de l'Ile-d'Aix, il fit embarquer les troupes destinées à réoccuper les Antilles françaises; ce qui s'effectua après une traversée de 28 jours. Il déposa à la Basse-Terre le contre-amiral Linois, gouverneur de la Guadeloupe, qui avait pris passage sur *le Marengo*. ·

---

1. Cartel, navire porteur de prisonniers à remettre dans leur patrie.

Rentré à Brest le 1ᵉʳ mars 1815, le capitaine Le Marant se trouvait à Paris quelques jours à peine avant que l'Empereur ne revînt de l'Ile-d'Elbe. Il y resta sans emploi pendant la période des Cent-Jours, ce qui n'empêcha pas qu'il ne fût mis, plus tard, en disponibilité pour cause de bonapartisme.

En présence de services aussi distingués et de qualités précieuses à un moment où la marine épuisée devait chercher à se reconstituer, le capitaine Le Marant ne pouvait rester à l'écart. Il fut bientôt réintégré et nommé dès les premiers jours de 1817 au commandement du vaisseau *l'Hector;* en août 1818, il commanda *la Cléopatre* et fut attaché à la station navale des Antilles, sous les ordres du contre-amiral Duperré, jusqu'en décembre 1820.

En 1822, il sortait du port de Toulon sur la frégate *la Guerrière,* ralliait le pavillon du contre-amiral Hamelin, parcourait les côtes d'Italie, exerçait les équipages et rentrait en décembre à Brest.

Le 13 février 1823, cette frégate reçut, avec le vaisseau *le Colosse,* l'ordre d'aller croiser entre Ouessant et le cap Ortegal afin de protéger les bâtiments français contre les entreprises des Espagnols. Après quelques avaries, dont on ne peut s'étonner lorsqu'il s'agit d'une croisière d'hiver dans le golfe de Gascogne, avaries promptement réparées, *la Guerrière* fut dirigée vers Cadix et employée très-activement au blocus des côtes d'Espagne près desquelles s'étaient retirés les insurgés entraînant avec eux le roi Ferdinand.

Le 9 août, le commandant Le Marant reçut l'ordre de se porter avec *la Guerrière* et *la Galathée* devant Algésiras et de contraindre cette place et l'île Verte, qui en est la défense maritime, à reconnaître l'autorité de la régence établie à Madrid, tandis que le roi était aux mains des révolutionnaires.

Le 11, vers quatre heures du soir, il vint mouiller à quatre encablures de l'île Verte, dont les canonniers avaient ouvert un feu vif et nourri pendant que les frégates faisaient leurs préparatifs d'embossage; mais bientôt le fort qui comptait 22 pièces et 3 mortiers en batterie, vit entamer ses fortifications, démonter ses pièces et, après trois heures de combat, fut réduit au silence. A ce moment, se détacha de l'île un canot qui vint traiter d'une capitulation par laquelle les forces insurgées de la citadelle se rendirent au commandant de *la Guerrière.*

Rappelé devant Cadix, il prit part à l'attaque du fort Santi-

Petri où il se distingua par une manœuvre de grande hardiesse, et au bombardement de Cadix, qui fut bientôt suivi de
la reddition de la place. Le 1er novembre la division navale
rentrait à Brest et le commandant Le Marant désarmait *la
Guerrière*.

Le 24 août 1824, il était nommé contre-amiral et recevait
du roi la lettre patente par laquelle il prenait le titre de baron, dont la couronne surmonta depuis lors les armoiries de
sa famille [1].

En 1826, l'amiral Le Marant fut nommé au commandement
de la station du Brésil et des mers du Sud. Il arbora son pavillon sur la frégate *la Surveillante*, capitaine Trottel, parti
de Brest le 13 janvier 1827, toucha à Lisbonne le 19 et jeta
l'ancre à Rio-Janeiro le 19 février. Bientôt arriva la frégate
la Nymphe annonçant les dispositions par lesquelles le commandement de la station du Brésil serait exercé par le contre-amiral Roussin, tandis que celle de la mer du Sud serait
continuée au contre-amiral Le Marant, qui faisait ses préparatifs de départ le 24 juillet 1827, lorsqu'une révolte des
troupes irlandaises et suisses, au service de l'empereur du
Brésil, exigea l'intervention des forces maritimes de la France
et de l'Angleterre présentes sur rade. L'amiral Le Marant
suspendit son départ, mit à terre 500 hommes qu'il établit
dans l'arsenal et dont il dirigea plus tard une partie vers le
palais de l'empereur, sur sa demande itérative. Le lendemain 25, les Anglais débarquèrent 300 hommes de troupes
de marine qui restèrent dans la cour du château, tandis que
l'empereur se portant à la tête des marins français, avec quatre
pièces de canon, devant les casernes des révoltés, les contraignit à déposer les armes. L'empereur désira conserver
ces marins pendant quelques jours pour la police de la ville
et vint lui-même, dans l'arsenal, assister le 28 juillet à leur
rembarquement. Le 29, *la Surveillante* appareillait de Rio-
Janeiro.

---

1. Marant (Le), seigneur de Penanvern, — du val Pinart, — de Kerbiriou, de Kerdaniel, — de Boissauveur; noble d'extraction; réformation
de 1671, réformation de 1481 à 1543, paroisse de Plourin et de Saint-Mathieu
de Morlaix, évêché de Tréguier. — D'azur à la tête d'aigle arrachée d'argent,
accompagnée de trois molettes de même, au franc canton parti de Bretagne
et de Rohan. Devise : *Bond voluntate.* — Trois filles à Saint-Cyr de 1699
à 1745 et un baron de l'Empire vice-amiral en 1836. (Potier de Courcy,
Nobiliaire de Bretagne, édit. 1842, t. II, p. 134.)

Quelques démêlés avec les gouvernements des villes d'Amérique baignées par la mer du Sud sont les seuls incidents d'une station que *la Surveillante* quitta le 15 décembre 1829. En février 1830, elle relâchait à Rio-Janeiro et mouillait à Brest le 30 mars après une traversée de 40 jours.

L'amiral Le Marant, revenu à Paris, n'y resta pas longtemps inactif; le 5 mars 1831, il était nommé préfet maritime au port de Cherbourg qu'il administra jusqu'au 1er mai 1836; il avait été promu au grade de vice-amiral le 22 janvier de cette même année.

Plus tard, il inspecta les équipages de ligne dans les principaux ports, fut nommé membre, puis vice-président du Conseil d'amirauté le 28 juin 1842.

Le 11 août 1845, il passa dans le cadre de réserve.

Le vice-amiral Le Marant avait été nommé chevalier de l'ordre impérial de là Légion d'honneur le 20 décembre 1810, chevalier de Saint-Louis le 14 août 1814, officier de la Légion d'honneur le 5 juillet 1820, officier de l'ordre royal de Saint-Ferdinand en 1823, commandeur de la Légion d'honneur le 4 octobre 1823, grand officier le 30 octobre 1829. Il a été crée baron par lettres patentes du 22 juillet 1821.

Pour ceux qui ont connu l'amiral Le Marant dans sa jeunesse, il réalisait le type de l'officier de marine sous l'Empire. Instruit des choses de son métier, d'une rare justesse de coup d'œil, fin manœuvrier, prompt dans ses décisions, et d'un grand sens, il était obéissant et discipliné envers ses chefs, d'une extrême sévérité envers les équipages, qu'il savait récompenser après les avoir enflammés dans les cas difficiles. Arrivé à l'âge du repos, il garda la simplicité de manières dont il ne s'était jamais départi; ses relations étaient douces et il sut conserver de nombreux amis. — Dans sa jeunesse, il avait reçu des principes religieux que vers la fin de sa carrière il pratiqua avec une foi profonde et qui lui donnèrent un calme remarquable aux approches de la mort, dont il n'eut pas un seul jour l'effroi.

L'amiral Le Marant laisse une fille qui a épousé M. le cómte Bouet Willaumez, vice-amiral et préfet maritime de Toulon.

Sénard.

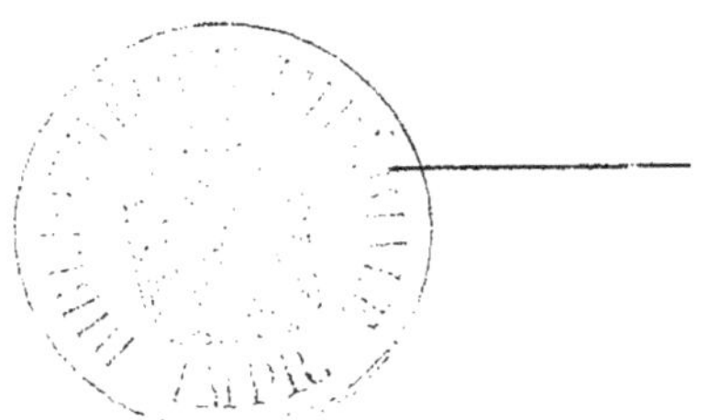

PARIS. — IMPRIMERIE DE CH. LAHURE ET Cⁱᵉ
Rue de Fleurus, 9

PARIS. — IMPRIMERIE DE CH. LAHURE ET Cie

Rue de Fleurus, 9